NATIONAL
GEOGRAPHIC

Turno nocturno

EDICIÓN PATHFINDER

Por Rene Ebersole

CONTENIDO

Turno nocturno

Por Rene Ebersole

Cuando el sol se pone, la mayoría de los animales se van a dormir. Pero algunos recién se levantan.

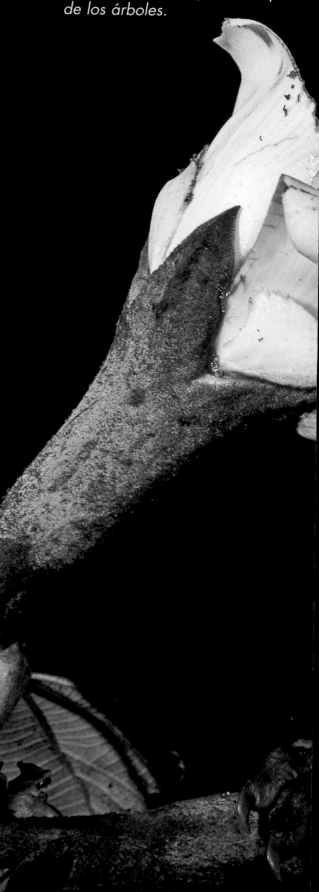

Bocadillo de medianoche. *Cuando oscurece en la selva, los cuchumbíes salen a buscar el delicioso néctar por las copas de los árboles.*

Está todo completamente oscuro. Estoy caminando por una selva de América Central. La jungla es tan frondosa que las copas de los árboles bloquean la luz de la Luna y las estrellas.

Enciendo la linterna de mi casco y me dispongo a caminar por un sendero. A la luz del día, he visto pájaros y monos por aquí. Ahora quiero ver los animales que salen por la noche.

3

Sol poniente. *Todo parece estar en paz cuando se pone el Sol, pero muchos animales de la selva apenas se están levantando luego de dormir todo el día.*

Algo se desliza por allí

Muchos animales están activos durante el día. Pero algunos salen únicamente después de la puesta del Sol. Los animales que están activos durante la noche son **nocturnos.**

Tengo que ser cuidadoso al recorrer el camino. Mi luz alumbra el suelo. Estoy buscando serpientes. Muchas de las serpientes nocturnas de esta zona son **venenosas**, o ponzoñosas.

Se deslizan por el bosque buscando animales que puedan ser un bocadillo delicioso. Si piso una serpiente venenosa, puedo meterme en grandes problemas.

De pronto, oigo un estrépito en la copa de los árboles. No sé quién provocó el ruido. Sea lo que sea, sé muy bien que no quiero que me encuentre antes de que yo lo vea. ¿Qué debo hacer?

Apago mi linterna y me quedo tieso en la oscuridad. En silencio, espero escuchar el ruido otra vez. De pronto, algo se escabulle entre las hojas esparcidas por el suelo. Mi corazón late más rápido. ¿Qué es? ¿Podría ser una serpiente?

Excursionistas nocturnos

Intento mantener la calma. Entonces escucho un segundo estrépito en las copas de los árboles. Vuelvo a encender la linterna en busca de lo que hizo el ruido. Primero veo una rama que se balancea. Entonces descubro dos círculos relucientes brillando en la oscuridad.

Acabo de localizar a mi primera criatura noctámbula. Los círculos en realidad son ojos. Muchos animales nocturnos tienen una membrana en la parte posterior de los ojos. Se llama **tapetum**. Permite a los animales nocturnos ver mejor cuando la luz es tenue. Además, refleja la luz.

Los ojos me miran por un breve instante. Pertenecen a un "excursionista nocturno", o cuchumbí.

El cuchumbí es un animal pequeño, de color miel. Duerme todo el día en los huecos de los árboles y sale a juguetear por la noche. Salta de una rama a la otra con la ayuda de su cola que se agarra de las ramas como si fuera una mano adicional. Adora sorber el néctar de las flores con su lengua de cinco pulgadas.

Ecos en la noche

Cuando el cuchumbí se escabulle, la jungla queda casi en absoluto silencio. Solo una voz fantasmagórica resuena desde las sombras: *hu-huuuu, huu huu huu.*

Inmediatamente recuerdo qué hace ese sonido. Tan solo un tipo de animal logra hacerlo. Por supuesto, es el búho real.

Este pájaro es un asombroso cazador nocturno. Es tan letal que muchos lo llaman el "tigre con alas".

Un búho real está sentado pacientemente sobre la rama de un árbol, explorando la zona en busca de una presa. Tiene un excelente oído y enormes ojos que le ayudan a avistar presas en la oscuridad.

Un búho real ve el mundo distinto de como lo vemos tú y yo. Sus ojos ven en la oscuridad, pero no ven en colores. Un búho ve el mundo en blanco y negro.

Por otra parte, un búho no puede mover los ojos de lado a lado. En cambio, debe mover la cabeza. ¡Un búho puede dar un giro completo con su cabeza!

Cuando el búho escucha a su presa, sigilosamente baja en picada de su rama y vuela velozmente en dirección a ella. Luego despliega ampliamente sus **garras** y se abalanza sobre su presa. Es hora de comer.

Adivina quién habla. *El famoso llamado del búho real puede oírse desde varias millas de distancia.*

Manchas peligrosas. *El ocelote es uno de los tantos animales nocturnos peligrosos de Sudamérica.*

Viendo con el sonido.

Después de observar al búho, sigo por el camino hasta encontrar un árbol hueco. Es la clase de lugar que suelen frecuentar los murciélagos.

Las evidencias fósiles indican que los murciélagos existen desde hace 50 millones de años. Actualmente, casi 1000 tipos de murciélagos revolotean por el aire. Muchos creen que los murciélagos beben la sangre. Pero apenas tres tipos de murciélagos lo hacen. La mayor parte come insectos.

Los murciélagos se valen de dos sentidos para encontrar a su presa. La mayoría tiene buena vista. También usan la **ecolocación.** Producen sonidos chillones que retumban en los objetos cercanos. Los ecos ayudan al murciélago a distinguir qué se encuentra en su ruta de vuelo.

Cuando me asomo al árbol hueco con mi linterna, veo una cavidad vacía. Si aquí viven murciélagos, deben estar afuera buscando comida.

La guarida de la araña

Sin embargo, otro animal de la noche está en su casa. Descubro una madriguera de tarántulas cerca de la base del árbol. Las patas largas de la tarántula cuelgan por fuera de su madriguera. La araña más grande que se ha encontrado era una tarántula. ¡Sus patas medían casi 13 pulgadas de largo!

Las tarántulas son carnívoras. Significa que comen carne. Comen muchas clases de animales. Por ejemplo, mastican ávidamente escarabajos, pájaros, ranas, lagartijas y serpientes. Las tarántulas tienen colmillos. Usan sus colmillos para inyectar veneno en su presa.

Golpeo la madriguera de la tarántula con un palo, como si fuera un escarabajo que pasa por ahí. La araña sale disparando de su madriguera y ataca a la ramita. Rápidamente se da cuenta de que fue engañada y regresa a su madriguera.

Solitario. *Los jaguares viven y cazan solos. Rara vez se reúnen con otros jaguares.*

Cazadores nocturnos

Dejo tranquila a la tarántula, y sigo caminando por el sendero. Doblo una esquina y veo una huella en el lodo. Me arrodillo para observarla más de cerca. La hizo un gato grande: un jaguar.

Los jaguares son los gatos más grandes del hemisferio occidental. Hoy en día solo viven en México, América Central y Sudamérica. Sin embargo, hace casi cien años, se los podía ver en ciertas regiones del Sudoeste de los Estados Unidos.

Estos animales pueden medir hasta ocho pies de largo. Pueden llegar a pesar hasta 200 libras. También son depredadores nocturnos. Siguen sigilosamente a su presa hasta que están lo bastante cerca para atacar. Entonces se abalanzan sobre ella.

Los jaguares comen todo lo que puedan atrapar. Un sabroso bocadillo podría ser un ciervo, pescado, roedores, tortugas y jabalíes.

Los jaguares comen más de 85 clases distintas de animales. Les gusta todo desde las ranas y el pescado hasta los armadillos y cocodrilos. Se sabe que un jaguar hambriento puede cazar seres humanos de vez en cuando. Con semejante idea aterradora en mente, apresuré el paso y le deseé buenas noches a la selva.

¿Por qué algunos animales duermen durante el día y salen únicamente por la noche?

Vocabulario

ecolocación: usar el sonido para ubicar objetos

garra: zarpa

nocturno: activo durante la noche

tapetum: membrana en el ojo

venenoso: ponzoñoso

Vida nocturna

Ciertos animales del mundo adoran la noche. Aquí tienes la oportunidad de conocer algunas de estas criaturas nocturnas.

Al igual que su pariente gigante, el panda rojo se alimenta principalmente de bambú.

La zarigüeya tiene 50 dientes, más de lo que tiene cualquier otro animal de los EE.UU.

El tarsio, del tamaño de una ardilla, vive en las selvas tropicales de Asia.

Vecinos nocturnos

El venado de cola blanca

Los venados de cola blanca son unos de los animales salvajes más grandes de los Estados Unidos. Estas criaturas de patas largas son más activas durante la noche. Viven en distintos hábitats, entre ellos bosques, campos y pantanos.

En algunas zonas, los venados de cola blanca viven codo a codo con las personas. Cuando la gente construye casas nuevas, las hace sobre terrenos que alguna vez fueron prados o bosques. Así los venados que viven en esas zonas pierden su hábitat natural.

¿Qué hacen? Se convierten en vecinos cercanos de las personas. Es posible ver venados en los jardines, prados y cerca de las carreteras.

Probablemente no veas a los venados en tu patio durante el día. Se van a dormir por zonas arboladas durante el día y llenan su panza por la noche.

A la hora de comer, salen en busca de hojas, nueces, fruta y pequeñas ramas. Sus grandes ojos les permiten encontrar comida por la noche cuando está oscuro.

Los animales nocturnos no solo viven en las selvas de América Central. Pueden hallarse en varios lugares del mundo. Los Estados Unidos albergan muchas clases de animales nocturnos. Echemos un vistazo a algunos de nuestros vecinos nocturnos.

El mapache

Los mapaches viven en los bosques y otras regiones selváticas. También viven en las ciudades. Sin importar dónde tengan su hogar, los mapaches son muy listos para encontrar comida.

Los mapaches salen de exploración por la noche. Su hora de comer también es en la mitad de la noche.

Los mapaches comen prácticamente cualquier cosa. Comen insectos, bayas, pescado, ranas e incluso basura humana.

Estas inteligentes criaturas pueden ser muy hábiles para encontrar comida. Tienen garras que funcionan como pequeñas manos. Los mapaches usan sus garras para arreglárselas con todo tipo de cosas. Pueden abrir frascos y volcar cubos de basura. Hasta pueden desatar nudos.

El pelaje oscuro alrededor de sus ojos parece un pequeño antifaz negro. De hecho, sus antifaces y el modo en que roban comida hizo que algunas personas los llamaran "ladrones de la noche".

El escorpión

El escorpión es una criatura nocturna que tiene un aguijón. Tiene una cola larga con un aguijón en la punta.

Cuando un insecto o ratón se acerca, el escorpión lo atrapa con sus pinzas. Seguidamente, pica al animal con su aguijón. El aguijón inyecta un poderoso veneno en la presa. Al instante, el animal queda paralizado. Ha llegado su final. El escorpión se come a su atónita presa.

Los escorpiones viven en diversos hábitats. Pueden encontrarse en desiertos, selvas, montañas, cuevas, pastizales, lagunas y zonas cerca del mar.

Durante el día, los escorpiones duermen en huecos entre las rocas o madrigueras subterráneas. Eso les permite mantenerse a salvo. Se ocultan de otros animales hambrientos.

Por la noche, los escorpiones salen a cazar alimentos. En la oscuridad, otros animales no alcanzan a ver a los escorpiones hasta que es demasiado tarde.

Los escorpiones no tienen grandes ojos para ver en la oscuridad. En cambio, usan pelos sensores para detectar a su presa. Sus duros cuerpos están cubiertos de diminutos pelos. Estos pelos permiten a los escorpiones saber si un animal está cerca.

Rana verde del árbol

¿Hay una rana arbórea verde viviendo cerca de ti? No necesitas buscar por los árboles para descubrirla. Tan solo sal de tu casa en una noche cálida. ¿Oyes un croar que suena como un cencerro? En tal caso, tu vecino más próximo podría ser una rana arbórea verde.

Las ranas arbóreas verdes miden apenas dos pulgadas de largo. Pero estos pequeños amigos pueden armar un gran alboroto nocturno. Desde mayo hasta agosto, las ranas macho croan en las noches cálidas. Cantan en voz alta para atraer a las ranas hembra. Su croar de cencerro puede no sonar como una canción romántica. Pero con seguridad ayuda a una rana arbórea verde a encontrar pareja.

Las ranas arbóreas no solamente buscan pareja bajo la luz de la luna. También cazan. Muchos de los animales que comen ranas arbóreas duermen de noche y buscan alimento de día. Por lo tanto, las ranas arbóreas aprovechan la oportunidad de salir a buscar comida cuando sus depredadores están dormidos. Las ranas están a salvo en la oscuridad.

Al cabo de una larga noche de croar y cazar, las ranas recuperan el sueño durante el día. Buscan una linda hoja verde y se aferran a ella. Su color verde coincide con el de las hojas. Por eso, a los animales que comen ranas les resulta difícil encontrarlas, incluso a la luz del día.

Animales nocturnos

Responde las siguientes preguntas
para arrojar algo de luz sobre lo
que has aprendido.

1 ¿Qué es un animal nocturno?

2 ¿De qué manera ayuda el tapetum a un animal para ver en la noche?

3 ¿Qué convierte al búho en un cazador nocturno tan eficaz?

4 Explica cómo los murciélagos encuentran su alimento en la noche.

5 ¿Qué ventajas ofrece ser más activo por la noche?